JN411629

건반 위의 사랑

김예린 시집

시와사람

건반 위의 사랑

시집을 내면서

마음 속에서 속삭이는 소리들을 모아, 글이라는 건반으로 연주해 보았다. 서툴러서 좋은 소리가 나오지 않았지만, 나름 열심히 하다보니 작은 시집이 창밖의 빛과 손을 잡았다. 부끄럽지만, 내 시를 읽는 이의 마음에도, 고운 소리의 풍금이 울렸으면 한다.

- 2023년 흰눈이 내리는 날에

김예린

김예린

박덕은

봄날의 비망록 건네받은
해밝은 뒷동산에
태몽의 기억 휘돌며 자라는
진달래 만발하여
나비들 날아들고

낭만의 체온이 올라가
치솟은 노래는
소리를 들이고 키우는
방앗간 물레방아
더욱 활기차게 돌아가게 했다

아픔이 심장 쪽으로 붉게 주저앉던
어느 날
물살과 울음과 어둠이 휘도는

세상 밖 눈물의 샘
동굴 안까지 밀려와

자존심의 가장자리
물고 휘휘 늘어지며
생의 환호와 낙관이 산다는
가슴까지 굽어지게 했다

다시 일어선 계곡 너머
흰빛의 깨달음 같은
물안개의 숨비소리
온몸이 자욱한 빛 한 자락,
그 시심결 붙잡고 웃었다

사색은 무조건 밝아야 한다는
편향적인 정오와 한낮을 건너
밤새워 만나 손잡고
속 깊은 담소 나누다가
문득 터득한 새 시야

인기척 없는 사유의 중심 확장하며

해석의 길 따라 늘어선
수많은 감성의 색깔들
하나 하나 수놓아

이제는
마르지 않는 누대의 전설처럼
심지 돋우는 말 인연 껴입으며
무지개보다 영롱한
외딴집 몇 채 지어놓고
감동의 잔치 베풀고 있다

때론 파랑새보다 더 곱게
때론 호수보다 더 맑게
시의 오솔길 펼치고 있다.

건반 위의 사랑/ 차례

제1부 철없는 사랑

제2부 겨울 향기

제3부 들길 따라

제4부 시장통 카페

평설

제1부

철없는 사랑

철없는 사랑

가슴에
비가 내린다
사랑이라는 이름으로

밀림에
숨어 있던 욕망이
꿈틀대며 틀어 올리면

열변의 몸짓
거침없이 쏟아내
속절없이 무너져 내리는 자아

그렇게
점유 당해 버렸다
아름다운 슬픔으로

외로움은
누군가에게 스캔 당함으로써
무한 복사된다

타악기는 조율되고
볼록 렌즈 초점이

너를 향해 맞춰져

너의 비에 젖고
너의 빛에 웃고
너의 속삭임에 꿈꾼다.

기다리는 마음

달빛 교교히
창가에 드리우면

무심한 그림자에
초조한 이내 마음

진정한 인연일까
성심으로 사랑할 수 있을까

틈 먼지 닦아내고
화병에 꽃 갈아 꽂고

기다림에 불 밝혀
콩닥콩닥 한길에 가 있네

임 오신다기에
고운 임 오신다기에.

사랑비

당신은 비 되어 내리고
슬픔은 비에 젖어 후들거리고
바람이 하늘가에 흘리고 간 이야기
촘촘한 투망으로 건어올린다

응어리진 가슴 풀어헤쳐
끊임없이 쏟아내는 절규
사선으로 빗나간 화살은
낙화에 튕겨 꽃으로 피어나고

무엇이었을까
바람 쓸고 간 이 허한 자리에
창연히 드리워진 음영
수직으로 내리꽂는 외면 속에서
잡고 싶었던 은어의 비밀

흩어져 버린 꽃잎
사라져 버린 향기
여울지다 소용돌이치며
진종일 잿빛으로 내리고 있다.

차마 뱉어내지 못하는 이유

고삐 풀린 망아지
하늘 뒤집는다

검은 갈기
사납게 울부짖으며

눈먼 질투
꽃의 가슴에 선혈이 낭자해

극과 극으로 치닫는 냉전
벌판에 몰아치는 설빙

또다시 봄이 찾아와
언약의 향기로 채운다 해도

까칠한 시누대
화병에 꽂지 못할 사랑

모서리 감싸는 둥근 빛에도
댓잎의 서걱거림 스산스럽다

사랑은 미움의 노예가 되고

불의 혀가 날름대는 언덕에

노래 빼앗긴
들풀의 입술이 창백하다.

상사화

여인의 한이더뇨
정염 태우는
한 떨기 불꽃

명주실보다 가는다란 입술로
하염없이 부르는 이 누구인가
빈 허공에 메아리도 없는데

지난한 세월 님 곁에 있고자
가을 자락에 오롯이 피었건만
소슬바람만 스산하구나

님아 간 곳이 어드메인가
무심한 바람 흔들 흔들
저 홀로 님에게 가는가 보다

천고의 세월 건너왔건만
어즈버 어즈버 어이할까나
님 만날 날 기약 없어라.

사랑한다는 것은

먹물 튕기는 까칠한 원고지에
아픔 채워 가는 것이다

방황의 눈길이 꽃 이삭 향해도
등뒤에서 말없이 지켜보는 것이다

외로움 찻잔에 차오르면
입술에 살포시 적셔내는 것이다

물빛 그림자 창가에 서리면
화려함 순하게 다독이는 것이다

그리움의 향기 아프게 찔러도
하얗게 울지 않는 것이다.

사랑 · 1

너와 내가 서로의 색을 지우고
너는 나에게 나는 너에게
온전히 물들기 위한 서러운 몸짓.

- 삼행시 문학상 수상작

사랑 · 2

달빛 밀어내고
가슴에 등불 하나 밝혀
오롯이 담아내는 그리움.

- 삼행시 문학상 수상작

사랑 · 3

나에게는
보석으로 채워 논
비밀의 방 있다
아무에게도 보여주지 않은

그곳에는
목마른 미소 한 모금
정열의 입술에 찍힌 붉은 화인
나비의 날개에 새긴 속삭임
숨겨두었다

그곳에는
빗소리에 스며드는 슬픔이랑
꽃잎에 베어든 기쁨이랑
구름 위의 별빛도
숨겨두었다

달빛이 강물에 젖어
간절한 마음
가 닿지 않더라도
꽃송이 흩어지지 않게
고이 간직해 두었다

어느 시인의
사무친 노래로도
지울 수 없는
아름다운 비밀을.

가을이 바쁘다 · 1

기러기 기다리는
여뀌꽃 시린 사랑
냇물에 돌돌 말아 흘려보내고

샛바람에 끼워온 간지
시계탑 흔들며 댕그랑 댕그랑
가슴에 꼭꼭 싸매는 뜨거운 씨앗

서곡 감아놓은 나무오리
유홍초 사랑 아릿아릿 피워내면
강 언덕 수레국화 홍루몽 이야기
보랏빛 전설로 풀어놓는다.

가을이 바쁘다 · 2

혀 짧은 해
군소리 지펴대며
빈 소쿠리 기웃거리면
서걱서걱 마름질에
여무는 봄씨

자꾸만
터지는 솔기에
꽃무늬 속적삼
이슬에 젖고
짙어가는 그리움
갈색 화선지에
붉은 낙관 찍는다.

사랑인가

여름이 다 가도록
아는 것이 없어
아무것도

장미의
꽃인지 가시인지
레드인지 퍼플인지

그는 비밀을 좋아해
감춰진 뿌리 드러내지 않아
저 화려한 꽃은
언제 사그라질지

몰라
사랑 주소도
비밀번호도
어느 바람역에 머무는지도.

파도

너는 허락도 없이
하얀 포말로 깊숙이
내밀하게 들어와
거침없이 핥고 달아난다

성이 포말에 함락되고
발자국도 따라 들어간다
모래톱에
조가비 하나 남았다

제멋대로지
진리의 가면 쓴
모순일까

누구라 그 무례함 탓하리오
독선적인 너의 사랑은
나를 소유하지 못하지
그저 무수히 빠져나갈 뿐

멀어져 가는 너에게
물음표 던진다
너와 내가 서로
사랑할 수 있을까.

바위 사랑

너그러운 듯
너른 품 내어 주고

발길질 홀대에도
묵묵히 웃고 있지만

티끌 한 점 품어줄 수 없는
냉정함

사랑으로 녹일 수 없는
빙하

정으로 뚫을 수 없는
응어리

너의 완곡한 거부에
비집고 들어갈 허가 없다

그 무엇으로도 열지 못하리
네가 부서지기 전에는.

황혼의 사랑

정물화 빼곡이 채워
수없이 덧칠해진 화지에

정열의 꽃 심어도
검은 꽃으로 피어난다

풀 한 포기 머물 수 없는
퇴적암

녹슨 자물쇠로 잠겨 있는
퇴문

가식의 너그러움 뒤에
암벽 하나 놓여 있다

여백 없는 그림에
고독만이 함께한다.

크리스마스섬

거부할 수 없는
은빛 모래성의 유혹
아늑하고 달콤하다

사랑의 세레나데에
부풀어오르는 가슴
꽃의 만개는 이내
사그라들 것을 예고하고

태초의
진혼곡으로 스며 오는
진득한 갯내음
운명의 서곡에 본능은 질주한다

파도의 노여움 따윈 두렵지 않아
하늘 향한 집게발의 처연한 몸짓
생의 마지막 춤 물살에 부서지고

천상의 노래
거침없이 밀려오면
님의 품인 양
저항 없이 안기는 사랑

산란 춤 막 내린
갯벌의 무대
암홍게 넋 붉게 물들고
천국의 모래성 온데간데없다.

제2부

겨울 향기

겨울 향기

파르라니
볕이 참 좋다
앙상하던 가지마다
삐죽삐죽 돋아나는 설렘

계절의 창 넘나드는
봄바람 유혹에
흔들리며 날아가는 이야기
슬그머니 봄의 품에 안긴다

시리게 안고 있던 이름들이
햇살의 속살거림에 혼연히 사라지고
손안에 쥔 아픔 눈물로 반짝이면
사르르 녹아내리는 눈꽃 편지

겨울나무가 꼭꼭 눌러 쓴 독백
빈 찻잔 속에서 사위어 가고
망각에 새겨놓은 꽃의 전설
헤집어 읽을 수 없어도

결코 지워지지 않는
그 사랑 하나

손끝으로 다독다독

언제라도 여닫을 수 있는 곳에
말간 그리움 걸어 둔다.

상흔

방치된 추억 위에
상념이 앉아 있다

답을 끄집어내기 싫어
그냥 둔다, 언제까지나

비가 올 때까지
게으름이 제풀에 지칠 때까지

괜찮아 괜찮아
마음 세척 한 방이면

개운하다 시원하다
반짝반짝 노래할 테니까

몸통에 깊이 새긴
생채기 아니라면

가슴속 깊이 파고든
대못이 아니라면.

공허

하얀 도화지 위에
집 한 채 짓고
탱자나무 담장 두르고
싸리나무 사립문 달았다

개집에 개
굴뚝에 연기
댓돌 위에 신발

나는
보이지 않는다
집안에도
집 밖에도.

外동백

춘삼월 유혹하는
농염한 여인아

벌건 립스틱
한껏 바르고

사랑합니다
불타는 가슴 드립니다

정염의 고백
하염없이

바람도 없는 어느 밤
제풀에 스러져 예는 사랑

어찌
조신하지 못하고

삼바 리듬에
요란하게 흔들어대는가

꽃띠 같은
정열의 여인아.

거울 속 장미

오늘도 화장을 한다
선망의 눈빛에 둘러싸여
욕망의 꽃 피우기 위해

오로지
자신만 사랑하는 이기심에
세밀히 덧칠한다

순간 순간
촉각 곧추세워
화려함 갈구하고

타인의 무대에서
삐에로의 몸짓으로
쏟아내는 아리아*

산다는 건
가시나무에 찔리면서
가시나무 새 되어 가는 것.

* 아리아 : 오페라에서 기악 반주가 있는 독창곡

겨울 연가

밤새 속삭이던 별 이야기
하얗게 쏟아지면
사슴의 커다란 눈망울
촉촉이 젖어 오고

살며시 드러낸 동백 열정
눈의 가슴에 박혀
풋풋한 심장으로 뛴다

영화 속인 듯
숫길 위의 순정
끝없이 펼쳐지면

하늘 어디쯤에서
방울소리 짤랑 짤랑

모두가 숨어 버린
그림 위에
흩날리고 또 흩날리고

가뭇없는 사랑
바람 칼의 지휘에

현란하게 현 켜며
푸르른 날 휘어 감는 가슴

겨울섬에 뜨거운
설設 풀어낸다.

나의 가을

그리움으로 다가와
국화 향기로 감싸 주고
단풍잎 되어
타 버린다

행복 마을 이어 주던 꽃길
산허리 휘어지던 억새
모두 떠나야 한다
그리움의 바다로

깊고 푸른 하늘
맑고 투명한 유리벽
쨍그랑 깨져 버릴 것 같다

가슴이 시려 온다
하늘 닮은 마음
그것은 사랑

탐스러움
결실의 바구니에 담기고
이제 진정 떠나야 할 시간

들녘은 어느새 알몸 되어
당신과 마주 서 있다
벌거벗은 우리의 모습

모닥불 되어
연기로 피어나는 쭉정이
언덕 위 추억 연기와 함께
사라진다.

자작나무숲

회상 덧칠하는
흰 등줄기의 앙상한 뼈대
귀먹은 푸념 늘어놓듯
하늘만 탐하는 저 야윈 가지들

정해진 틀이 없는
미완의 성에
꽃타래 풀어
올리는 기도

싱그러움과 속삭임으로
향그럽게 다가올 당신 만나기 위해

허물 벗으려는 듯
바람의 잔등 타고
소리 없이 토해내는
신음 소리

한 줄기 빛이 가슴에
비추고 있었음을 기억하기 위해

흰 건반 두드리는

원음의 선율 사이로
쏟아져 내리는 햇살
가슬가슬 안긴다

그날의 그리운 눈빛
마주하였음을 잊지 않기 위해.

국화

올 가을엔
사랑할 거야

깊어 가는
인연의 향기 곱게 엮어
추억의 실타래 감아 둬야지

계절의 길목에서 페달 밟아
세월 이고 가는 길손에게도
사랑 조금 나눠 줘야지

약속된 시간이
파란 하늘에
붉게 익어가면

그 사연
너의 화단에도
곱게 피어나겠지

사립에 부는 서슬 바람에
갈대가 몸부림쳐도
슬픈 계절은 오고 말 거야

낙화하는 낙엽같이
바삭이는 가슴
비집고 안겨오는 너

사랑할 거야
올 가을엔.

나무가 운다

삐걱 삐걱
서지도 눕지도 못하고
비스듬히 버티고 서서

정년 마친 인생 취업 문 찾아
어느 온기에 잠시 머물다
기약 없는 추위에 내몰린다
거리에 뒹구는 낙엽의 서걱거림처럼

혹독한 날씨 살갗 파고들어
버티던 자존심 속절없이 무너지고
바람 불 때마다 삐걱거린다
마른 눈물 흘리며

가슴은 물항아리
툭 건드리기만 해도
솟구치는 서글픔

가슴은 잉걸불
징소리 후려쳐야만
잠재울 수 있는 노여움처럼.

출근길

찬란한
여명 잡으러 간다
사거리 길목마다
평정심 잃지 말라고
깜박이는 빨간등

볼륨 높인 행진곡
천 개의 문답 일으켜서
느슨해진 나사
긴장의 끈으로 조이고

초침 낚아채며
도로 점령한 도시의 혈
한 치의 오차 없이
출렁이는 일터로 스며든다

정장에 뾰족구두
날선 의무로 무장하고
풋풋한 청바지
자신감으로 마주하면

방그레 웃는 이모티콘
오늘의 지표 가리킨다.

무위사의 봄

홍매화 향이 산사의 봄 재촉하면
지난겨울 흔적 지우려
산초 자락 깊이 파고드는 목탁 소리

가람 지키는 단청
승복에 새겨진 법구 읊고
노스님 합장에
삼라만상 혼이 깃든다

향기는 어제와 오늘의 간극
조금씩 메꾸며
시간의 길목 벗어나려 하고
매화의 감정은
삼월에 보관된 기억들
자꾸만 끄집어낸다

곁가지 세월에
잿빛으로 일그러진 허허로움
법당에 두 손 모아
참선 기도 올리면

동안거 마친 풍경 소리

잘그랑 잘그랑
허공의 암자에서 걸어 나와
수행일지 같은 둥근 소리의 파문
오후의 사슬 풀고 담장 넘는다

마른나무 뚫고 돋아나는
연록의 청아한 깨우침
낭창한 봄빛으로 낚아채
법어의 진리 새기면
내리치는 죽비소리에
겹겹 걸친 탐욕의 수피 벗는다

해 질 녘의 자리마다
붉은 말씀 쏟아내는
저녁의 화법이 피안으로 들어서는
어느 스님의 눈물겨운 몸짓 같아
숙연해지는 저 서녘의 자세

단조의 여운에 연꽃차 피어나듯
번뇌의 불꽃 지혜로 사그라들고
불심으로 피어나는 만다라
애기동백 여밈에 살포시 안긴다.

-한용운문학상 수상작

해녀의 노래

만개한 벚꽃이
하늘문 열면
성난 파도는 온순해지고
바다는 푸르고 은밀한 언어로
그 여인을 껴안는다

혈육이 어찌 자식뿐일까
징글징글하게 서러운 수십 년 동안
서로의 체온과 피와 울음을 나눈
바다와 떨어진 적이 없다
해조음과 과장된 물새들의 노래가
비 오는 날이면
자꾸만 몸에서 흘러나온다

테왁에 꿰어 맨 삶
닳고 닳도록
세월 발라먹고
파도 살라먹고

저 윤슬처럼 죽음의 안쪽에서도
반짝이는 그 무엇이 있다는 건지
붉은 심장 쏟아내는 해 질 녘은

날마다 죽음을 연습한다는데
내가 나를 조문하듯
칠성판 등에 메고
서럽게 쪼아대는
처연한 몸짓으로

의혹과 궁금과 질문으로 살아가는
그 생과 사의 경계 지운
깊은 심연에서 끌어올린
사랑의 흔적
망사리에 담길 때마다
수평선 가르는 저 숨비소리

못다 한 사랑
모래톱에 숨겨두고
시리게 가슴에 새겨논 이야기
불턱에 달궈 녹여내고 있다.

- 2023년 한국문학상 본상 시 부문 최우수상 수상작

외로움

나뭇잎이 바람에 흔들린다
나뭇가지도 흔들린다
떨어져 나간 잎새들이
풀숲에 쓰러지듯 안긴다

체념은
때때로 위로 되어 편안하다
비우고 비워 숭숭 뚫린 빙벽
떠나보낸 이름이 붉게 타는 오후
빛 내리는 묵도
투영된 아픔 읽어 내려갈 뿐

손 내밀어 잡아주지 않는다
떨어진 낙엽이나
매달려 있는 잎새나
쓸쓸하기는 매 한가지
셋이다 둘이다 하나가 된다
그렇게 사라져 간다

조각조각 깨진 슬픔이
핑그르르 돈다
가벼워진 하늘이 멀리 달아난다

오늘도 나무는 홀로 서 있다
나무는 나무로 홀로 서 있다.

붉은 잎새의 노래

무정 우산 받쳐든 이여
어딜 그리 바삐 가시나요

이리 서러운 시간
이리 붉은 가슴에

홀로 홀연히
가시나요

햇살 부서지는 길
헐벗은 나목에 엉긴
사랑 한 조각

단풍 진 사연 한소끔
남기고 가시나요

그대 잠시 뒤돌아서서
따스한 눈길 한 번
건네주세요

허기진 날이 찾아오면
남겨진 불씨로

우리 그렇게
견뎌내게요.

그림 같은 집

외로운 황톳길 가다 멈추는
산 한 자락 보듬어 쉬어 가는 그곳에
하얀 담장 두르고
빨간 지붕 올리리

어린 다복솔 창가에 심어놓고
솔향기 미끼 삼아 하늘 부를까
구름 모아 모아 양떼목장 만들까
들꽃처럼 바람처럼
그렇게 살아가리

달빛 한 줄 뽑아 솔가지에 걸쳐놓고
노루랑 사슴 불러 뛰어놀게 할까
그윽한 달빛 먼 산 보고 한눈팔면
잎새 뒤에 머루 다래
몰래몰래 사랑하리

한가로운 바람 잔가지에 놀면
시어랑 시심 뜨락에 풀어놓고
마음속 시린 우물 소롯이 퍼올려
고운 님과 마주앉아
시 한 수 읊조리리.

제3부

들길 따라

들길 따라

눈 감으면 늘
그리운 소녀 찾아
초록의 들길 걷고 있다네

귀여운 제비꽃
반겨 주었지
엉겅퀴 꽃도 웃어 주었어

꽃길 저만치 작은 샘가에
수줍은 자운영
아련히 안겨 오면

귀여운 소녀
행복했지
무지갯빛 가득 품에 안고서

끝없이 이어지는 길 따라
소녀의 꿈
예쁘게 피어났지

눈 감으면 늘
보랏빛 소녀 찾아
그리운 들길 걷고 있다네.

노을에서 바라보는 추억

피고 지는 여정의
간이역에는
창포물 묻어나는
향수가 아리다

물씬거리는
시큼한 흙내음
막걸리 한 사발에 흥얼대는
도리깨질 소리

향기의 천 쪼가리
박음질로 잇대어
부족함 채워 주던
그 포근한 정

단술 삭히는
무명 치마저고리
겨울바람 문풍지 흔들어대듯
유년의 겨릅문*에서 서성이고 있다.

*겨릅문 : 껍질 벗긴 삼대 엮어 만든 문.

쌀밥나무

흰 새벽 걷어내어
정한수 올려놓고
두 손 모아 기도하던
당신

투박한 황토 부뚜막
차가운 아궁이에
삭정이 태워
한끼 따스함으로
혈연의 꽃 돌보던
당신

화초에 꽃물 들면
개개비 짝 찾아
햇살에 비벼대고
치마끈 질끈 둘러메고
정재로 장독대로
해살대던 분주함

꽁보리 가운데 쌀 한 줌
무쇠솥 주르르 눈물 흘리면
노부모 쌀밥 떠 드리고

보리밥으로 허기 달래던 시절

젖은 가슴 태우는 매캐한 연기에
눈물로 얼룩진 아궁이의 염원
짚불처럼 타오르곤 했지

갈고리 성긴 삶 촘촘히 매만져
진종일 피워대는 당신 향기
매화 부끄러워 수줍게 웃던
그 다홍빛 향수

단풍진 산에
솔잎 무수히 나뒹굴면
가슴 아린 불씨 그리움 되어
온 산에 꽃불 되어 번진다.

그리운 친구

뽀얀
아기 속살 같은
목련꽃 속에
말간 그리움 들어 있다

유리알
반짝이는 개울가
개나리 톡톡 터지면
까르르 깔깔대던 너

산골짜기
옹달샘 같은 너의 노래

나물 씻는
아낙네 손가락 사이로
너와 나의 유년이 흐르고

단발머리
찰랑대며 강가
조약돌에 새긴 너의 이름

어느 사잇길에서

놓쳐버린 손
다시 잡을 수 없구나

함께 부르던
봄날의 교향곡
귓가에 맴돈다

너를 생각하며
홀로 부르는 노래
가슴이 먹먹하고
시야가 흐려진다

언제일까
꼭 다시 만나
아득한 그리움
덜어내고 싶다.

- 글나라 백일장 수상작

고향

천변 너럭바위 펼쳐진 옥양목
볕길 따라 나풀대던 님 손길
깨끼발 발등 까이며 송사리 떼 몰던 곳

소학교에 울리는 동심의 메아리
하얀 깃 자존감 빳빳이 세우고
최루탄 가스에 동동대던 대학로

우체국 초시계 두근두근 재촉하고
친구들 키득키득 우정탑 쌓아 가며
낭만 찾아 오가던 사랑의 거리

손길 닿는 이웃 발길 닿아 정든 친구
세월의 갈피마다 쌓인 알뜰정
둘러봐도 낯설지 않은 아늑한 탯자리.

달빛 내리는 가을밤

은하수 푸른 고요 박꽃에 나리면
젖무덤 감싸 안고 꿈꾸는 아이
새록새록 차오르는 어미 사랑에
보름달로 피어나는 동그란 미소

청초한 여인의 단아한 손길로
실개울 밭이랑 살풋 보듬어
함초롬히 이슬 머금게 하고
들국화 입술에 진한 향 적셔 준다

은밀한 정담으로 일렁이는 안개비
서걱이는 들녘 촉촉이 달래면
잠 못든 풀벌레 파르르 날갯짓에
사그락사그락 깊어 가는 밤

하얀 모시 나래 살포시 드리워
가지마다 영그는 사랑 이야기
둥그런 달빛 타고 아스라이
먼 옛이야기 만들어 간다.

마음에 발이 되어

새로 산 예쁜 구두
빳빳한 자존심에
다가서기 머뭇머뭇

날 선 거부에
선택되지 못하고
신발장 지키기 한 동안

발가락 발꿈치
어르고 달래 가며
길들이기 몇 달

이제야
그 마음 살짝 열어
살풋 안긴다.

행복 아파트

윗집의 미닫이 여닫는 소리
아랫집 술고래 아저씨
밤새 술 깨느라 시끄러워도

아침 창가에 햇살은
여전히 따사롭다

사모동 할머니 달팽이 걸음
팔랑이는 나비 꽃밭 위에 머물 듯
고장 난 시계 고장 난 시간

창가에 한가로이 졸고 있지
그래도 바람은 넉넉하다

담쟁이와 단풍나무
마주보며 살랑살랑
벚꽃 수만큼 사연 많아도

뜨끈한 아랫목 정이 있고
봄꽃같이 환한 웃음이 있다.

흔들리는 촛불

환자복에 묻어나는 신음
병마 할퀴고 있다
핏기 사라진 피부
스러져 가는 동공까지

미풍에도
의연함 사라지고
눈가에 젖어 있는 절절한 호소

독한 소독 냄새 튕기는 쇳소리
하얀 가운에 기억된
무표정의 섬뜩한 손놀림
찢어지는 꽃잎 혼미한 정신줄

혈관 찾아 찔러대는 대바늘
긴 대롱에 솟구치는 검붉은 생명꽃
오장 육부 뒤틀리는 메스꺼움
떨리는 손으로 꼬옥 붙잡는다

애써 눈길 피한다
차마 마주보기 힘들어
하얀 벽 타고 흐르는 애처로움

멈춰 버린 시간의 경계에서
엎어진 퍼즐 조각 끼워 맞추고
흩어진 불씨 모아
따스한 염원으로 보듬는다

뜨거운 삶의 의지
차가워진 심장에 불 지피고
휘청거리는 두려움
긴 날숨 뱉어내 다잡는다.

이사

햇발 성큼 성큼
두루 두루 해찰한다

바구니에 담긴 세간살이
못내 아쉬운 듯
덜컹 덜컹

검은 천에 씌워진 가구
반항 한 번 못하고
철커덕 철커덕

수많은 날과 날들의 저장고
부대낀 사연의 온실
비워가는 여정의 무게

몇 동 몇 호에 담아 누리던
일상이 통째로 지워진다
정 담고 안아 주던 자리 휑하다

추억의 여운
따라가기 버거운지
침묵으로 배웅한다.

물의 여정

간절함 보듬어
설렘 가득 채워 준다

때론 보드랍게
때론 강렬하게
넉넉한 사랑으로

꽃물 진 강
기름진 젖줄 되어
풀뿌리 질긴 삶 엮어
생명의 환희 안겨주고

천 리 길 도랫굽이
여울진 어귀마다
고달픔 적시어
삶의 방정식 풀어내니

모나고 각진 이름
어울리지 못한 뾰족함
달래고 얼러 조화 맞춰 가며
기나긴 물음에 동행하는 정겨움.

3월이 오면

후미진 외로움 녹아내리고
처녀 젖가슴 부풀어오르듯
겨우내 품어온 뜨거운 숨소리
보드라운 물꽃으로 피어나겠지

총총 다가오는 고운 사랑에
수줍음 머금은 꽃망울 터뜨리고
산모롱이 여린 가슴 새끔질하며
꽃바람 찰랑찰랑 달려오겠지

꽃나무 안고도는 바람 귀 속살거림
보송보송 솜털 봄볕에 아롱아롱
연분홍 꽃심에 참사랑 새기면서
사뿐사뿐 꽃발 딛고 다가오겠지

물결 가르는 물오리 떼 정겹게
잔잔한 윤슬로 호숫가 적시며
설레는 가슴 살포시 열어
푸릇푸릇 초록 물결 일렁이겠지

돌담에 머무는 봄빛 찰랑찰랑
가슴 저미는 하이얀 그리움

매화향 한 올 한 올 피워내
서로의 사랑으로 물들이겠지.

춘삼월

잠자는 대지여
깨어나라

도도하게 흐르는
저 물소리 들리지 않는가

동면冬眠의 침묵에서
생명 잉태하라

처녀의 순결 빼앗듯
대지 뚫고 나와

生의 환희로
들녘 채우라

젖무덤 안고
눈웃음치는 아기같이

그렇게 유혹해 다오
그렇게 안겨 다오

매화꽃잎 흩날리는 그대여

당신의 잔인한 사랑

내 간절히
기다린다오.

꿈의 낙원

붉은 석양에 갈대꽃 피어나고
푸른 물줄기 외돌아가는 곳

하얀 백로 갯벌에 노니고
붉은발말똥게 갈대숲 누빈다

무등타는 아이 둥실 두둥실
그리운 이들이 함께하는 곳

꿈꾸는 벌나비 행복 실어 나르니
연인들 마음에 사랑이 가득

은빛 물결 반짝반짝 호수 두르고
형형색색 무지개 꽃 피워내는 곳

햇살 가득하고 바람 따스한
그곳이 순천 하늘정원이라오.

코스모스

단발머리 소녀
연분홍 순정 한들 한들

하늘가에 빙빙 고추잠자리
앉았다 날고 다시 앉아도

아련한 첫사랑 잊을 수 없어
쪽빛 그리움 살랑살랑

소슬바람 여린 잎 흔들어도
임 향한 마음 높고도 푸르러라.

순천만

석양이
붉은 주단 드리우니

태곳적 신비
갯벌 위에 타오르고

흑두루미 하늘 가득
우아한 군무에

춤추는 갈대
화염되어 넘실넘실

노을 사르는
적빛 만이여

긴 그림자
갈대밭 흔들어도

들이쉬고 내쉬는 갈증
소리 없이 흐느낀다

갈바람 자장가 삼아

단꿈 꾸는 미망이여

내 안에 너를
품는다.

제4부

시장통 카페

시장통 카페 · 1

싱싱한 바다 이고 온
등 푸른 물빛 내음
쌉쌀한 차향에 밀려
노을녘의 길목에서
숨 고르기 한다

대나무 마디 같은 거친 손에
따스한 찻잔의 온기 전해지면
마음 주름 한 금 지워지고

무언의 눈맞춤 후
오래된 의식 치르듯
차 한 잔 건네지고
동전 몇 닢 손 바꿔
잔전통에 찰랑 내려앉는다

고물 고물
맛깔나는 솜씨에
상긋이 깊은 맛 입히고

꽃 풍선 타는 날 기다리는
때깔 고운 주단 옆에

다소곳이 앉아
혼담 엿듣는 얌체

상큼한 과일전
반가운 미소 챙기니
차향이 스멀스멀
정 속으로 빨려 들어간다

왁자지껄 따끈따끈 녹여내는
커피 한 잔의 여유
달큼한 목 넘김 작은 위로 되어
가슴 따스해져 온다.

시장통 카페 · 2

철썩철썩 이야기 풀어놓는
파도의 입술을
먼 먼 기억의 배경으로 깔아놓고
가쁜 숨 가라앉힌다

입에 붙은 말을 손끝으로 집어
서로에게 건네면
향 깊은 말맛에 침이 고이고

유쾌한 말의 유랑이
찻잔 위에서 공처럼
통통 뛰어다니며
신부와 신랑을 만나게 하고
발랄한 살림살이까지 차리면서
까르르 웃는다

입맛에 맞은 수다가
몸집 부풀리면
달달한 말의 당도는 올라가
입담을 과식하게 되고
흥정의 진미 녹여낸다.

- 커피 문학상 수상작

비 오는 날의 수채화

빗방울 떨어지고
클래식 부서지고

노랑 다음에 빨강
빨강 다음에 파랑

깜박이는 불빛 아래
네로의 까망 장화

무심히 다가와서
말없이 스쳐가고

우산 속 작은 이야기
카페라떼 속으로.

렌즈와 피사체

너는 본색 풀어 성 쌓고
나는 키보드로 성을 부순다

침묵은 제3의 방관자
관심은 쓸모없는 명사
몇 번의 움직임이 소통의 전부

등 뒤로 보낸 밀서 해독하지 못해
마른 풀숲에 떨어져 버린 사랑
나무와 잎새와 바람의 노래로
밤을 품어 시를 읊는다

커피콩 갈아 찻잔에 넣고
프림은 부드러운 밀크로 하자
블랙과 흰색은 자꾸만 밀어내다
어느 순간 한몸 되어
서로의 진실 읽어 가지.

남미륵사

남녘 땅 강진
봄 단장 하는가

해당화 철쭉
붉게 물들인다

하늘 가득 꽃들의 함성
꽃 탐하는 눈빛들의 탄성

화방산이 들썩인다
봄날의 여울타고

안으로 안으로 타는 외로움
시심으로 향불 사르고

홀로 사랑 절절이 가슴에 새겨
그리움으로 품어 온 세월

임 곁에서
임 그리워한다.

바람의 딸

광고판 인형 속에
팽팽히 부풀린 역마살
허수아비 허울 쓰고

배낭에
노트 한 권 볼펜 한 개
가슴 시키는 대로 동행한다

헛헛한 마음
제멋대로 자라난 잡초
정원사의 손길에 맡기고
발길 머무는 곳이
마음의 안식처

풀꽃 향기에 머뭇거리다
소담한 미소에 화답하고
옷깃 스치는 만남이 좋아
다가섬이 안겨 주는 사랑의 반김

같은 시공간에서
아우르는 정
작은 물결로 일렁 일렁

짧은 인연의 설렘 찾아
가슴 떨리는
만남의 길 찾아나선다.

한글 사랑

자음 모음 짝 이뤄
보태고 나누고 의지하며
사이좋게 엮어 간다

쉽게 배우고 익혀
소통의 길 열어 주고
어느 민족 글자보다
우수하고 아름답다

미묘한 감정
섬세하게 표현해
일만이천 고리 엮어
결 고운 시어로 피어난다

합리적이고 과학적이며
쓸수록 신비롭고 경이로워
컴퓨터 시대 최고의 알파벳

유네스코에 등재되는 날
세계 속에 우뚝 설
겨레의 자존심

면면히 예쁘고
새록새록 정들고
알토란처럼 알차다.

독서

씨줄 날줄
꼼꼼히 살펴
싸목싸목 풀어 가는
기억 속 연결고리

난가리 헤집고 가려
빈 뒤주에 채워 넣고
구겨진 가슴 다독다독
곧게 펴서 다림질한다

새롭게
시심의 단추 채워
정갈히 접어
갈무리한다.

*뒤주; 나무로 만들어 곡식을 담는 궤

사이버 폭언

툭툭 던지는 언어 일탈
수없이 교차 되는 파동
잔물결 호수 일으킨다

느낌은
고압 전류에 감전되어
새까맣게 타 버리고

산뜻한 감정 사라진 지 오래
교란은 무감각에 부딪혀
감동의 출렁조차 일지 않는다

자기 도취에 빠져
과誇포장에 연연하고
호기심 갈망하는 파破

한우리 안에서 서로를 잠식시키는
밀물과 썰물의 밀당 변주곡
제3의 세계에서 콩콩대는 강시.

건반 위의 사랑

손가락 마디마다
튕겨 나오는 아가페*
가슴 후비고 파고들어
전율 흐르고
억눌린 설움 파르르 떨며
일시에 솟구친다

깊숙이 묻혀 있던 아림
헐거워진 여백에
노 저어 가면
파문으로 일렁 일렁
너에게로 향한
서러운 몸짓만 공허하다

흔적처럼 남아 있는 보나테라*
음계 위에 머물고
좀처럼 잡히지 않는 실체
실루엣으로 너울대다 휘몰아친다

파도에 일렁이는그리움
석양에 잠기는 산그림자 안고
푸른 한 마리 새 되어

광풍狂風의 바다 위 난다.

*아가페 : 신약성서에서의 특별한 사랑

*보나테라 : 정통 빈투바 다크 초콜릿 메이커

모기

철저한 방어벽 뚫고 침입했나
영악하기 그지없다

엘리베이터 타고 업혀 왔나
품에 안겨 들어왔나

현관문 열자마자 화장실로 직행
잠복하고 있다가

엉덩이 까면 무차별 공격
불 끄고 누우면 왱왱 비행 전투

울퉁불퉁 벌겋게 망가진 참호
불 켰다 껐다 설레발

섬광 전 돌입 시커먼 마귀
따악 딱 불꽃 튄다

진지 재구축하고
한숨 돌려 보지만

세균전에 밤잠 설치고

집중 공격당한 침담함

한여름 밤의 꿈
빨대 꽂는
흡혈귀와의 혈전으로
산산조각 나뒹군다.

11월 도심의 거리

마지막 타오르던
황혼의 몸부림
쉼 없이 돌아가는
시간의 쳇바퀴에
말려 들어간다

어느 화가의
제멋대로 그려진
화폭의 독백마냥
붉은 담장의 위로에도
냉소적이다

도로의 시간은
번호표 붙인 상자에 실려
썰물처럼 쓸려가고
자잘한 일상이 흔들리며
분주하게 뒤따라간다

낯선 거리 방황하는
바람의 자식들
공중그네 타며
잃어 버린 흔적 찾아

헤매고

넉넉한 손
곳간 문 여닫을 때
번호 타지 못한 야윈 생
뒹구는 낙엽으로
해진 삶 깁는다

틀에 묶인 창
암묵의 언어 뱉어내면
오랜 고독에 지친
회벽의 음산함

빛의 달램 받고서야
비로소
차가운 미소로
넋두리 쏟아낸다.

무등산

동트는 해 받아
빛고을의 새날
힘차게 연다

無登의 너른 도량
마음에 각 지워
언제나 그 자리에서
이정표 되어 주는 산

어느 곳인들
소홀하지 않게 헤아리고
어버이 숨결같은 넓은 아량
가히 어디에 견줄까

모진 풍파
바람막이 되어 주고
있는 듯 없는 듯
힘 되어 주는 든든함

더없이 온화한 품에
고단한 삶 위로 받고
한결같은 믿음

굳건한 의지

그 정기 받아
뿌리 내리고
더불어 살아간다.

여름 연가

달군
팬 위의 치즈

축축 늘어져
지쳐 가는데

애끓는
매미 성화에

가없는 사랑
알몸으로 다가오고

뜨거운 포옹
식을 줄 모르는 열정

사랑의 화신 되어
허물 벗고 사라진다.

사비궁 뜨락의 국화

사랑 빼앗긴 왕비였나요
사랑 받지 못한 후궁이었나요
멀고 먼 세월 마다하지 않고
옛 궁에 홀로 꽃이 된 당신
기다림인가요 그리움인가요
서글픔 영롱히 빛나고
바람 끝 세월 하얀 미소 되었나요
멈춰 버린 시간 겹겹 안고
학처럼 고고하게 서 있는 당신
당신의 우아한 자태에
낙엽빛 바스라지고
소슬바람 떨고 있네요.

일탈

스위치 누르자
대형 스크린에 가을이 펼쳐진다
정지 화면 속 낙엽이 흔들리며
필름이 빠르게 돌아간다

빛의 산란이 앵글 축소시키는 사이
화상의 변화는 다채롭다
차갑게 식어 버린 불티들이
노을빛에 붉은 울음 토해낸다

버림받은 탕아들이
우우 바람 따라 몰려다니고
여백에는 잠깐의 멈춤이 있을 뿐
다음 장면으로 빠르게 옮겨 간다

화면이 바뀔 때마다
다채로운 풍경 배경으로 깔아
같은 듯 다르게 연출하는 감독

봄부터 자식에 손주까지 새끼 친
참새 떼의 수다에 자리 내준
나무의 갈증은 더해 가고

여분의 시간에 매달려 흔들리는 가을
아직 여유로운 해가 3시 가리키니
발 아래 개미들이 텃세 부린다

시간을 개미에게 조금
할애하는 것으로 거래 마치고
아무 일도 없다는 듯 서로 외면
각기 다른 방향 향해 간다
하얀 낮달이 화면에 업로드된다.

평설

김예린 시인의 시집 발간을 축하하며

박 덕 은 (문학박사, 문학평론가)

김예린 시인은 1958년 충남 논산에서 아버지 김이태 씨와 어머니 김효순 씨 사이에서 2남 2녀 중 장녀로 태어났다.

김예린 시인은 2022년《강원시조》에 시조,《문학공간》에 시로, 샘문학상 신춘문예 동시로 등단했다.

김예린 시인은 한국방송통신대학 국어국문학과를 졸업하고, 광주문협회원, 광주시협회원, 문학그룹 샘문 운영위원, 한용운문학 회원, 한국문학 회원, 샘문시선 회원, 한실문예창작 회원, 성스런 문학회 회장 등으로 문단 활동을 하고 있다.

문학상으로는 강원시조 시조 장원, 글나라백일장, 남명문학상, 석정문학상, 영남일보 달구벌 문예대전, 포랜컬쳐 선면시화전, 샘문학상, 커피문학상, 삼행시 문학상, 신정문학상, 한국 문학상, 산해정 문학상, 청백리 최만리 시조 문학상, 사충신 문학상, 한용운 문학상 등을 수상했다.

자, 지금부터 김예린 시인의 시 세계로 들어가 탐구해 보기로 하자.

홍매화 향이 산사의 봄 재촉하면
지난겨울 흔적 지우려
산초 자락 깊이 파고드는 목탁 소리

가람 지키는 단청
승복에 새겨진 법구 읊고
노스님 합장에
삼라만상 혼이 깃든다

향기는 어제와 오늘의 간극
조금씩 메꾸며
시간의 길목 벗어나려 하고
매화의 감정은
삼월에 보관된 기억들
자꾸만 끄집어낸다

곁가지 세월에
잿빛으로 일그러진 허허로움
법당에 두 손 모아
참선 기도 올리면

동안거 마친 풍경 소리
잘그랑 잘그랑
허공의 암자에서 걸어 나와
수행일지 같은 둥근 소리의 파문

오후의 사슬 풀고 담장 넘는다

마른나무 뚫고 돋아나는
연록의 청아한 깨우침
낭창한 봄빛으로 낚아채
법어의 진리 새기면
내리치는 죽비소리에
겹겹 걸친 탐욕의 수피 벗는다

해 질 녘의 자리마다
붉은 말씀 쏟아내는
저녁의 화법이 피안으로 들어서는
어느 스님의 눈물겨운 몸짓 같아
숙연해지는 저 서녘의 자세

단조의 여운에 연꽃차 피어나듯
번뇌의 불꽃 지혜로 사그라들고
불심으로 피어나는 만다라
애기동백 여밈에 살포시 안긴다.

-「무위사의 봄」 전문

한용운 문학상 특별작품상 수상작인 이 시에서의 시적 화자는 무위사의 봄을 그려내고 있다. 무위사는 전라남도 강진군 성전면 월하리 월출산 동남쪽에 있는 절이다. 그 절에 동안거를 마친 봄이 오고 있다. 가장 먼저 홍매화 향이 동안거를 마치고 성큼성큼 걸어 나오는 것인지, 첫 연에서 그 향이 그윽하게 느껴진다. 눈보라에도 허공의 벽을 앞에 두고 좌선했을 홍매화가 산사의 봄을 재촉하고 있다. 스스로의 등짝을 후려치며 깨우침을 향해 한 잎 한 잎 꽃을 피웠을 것이다. 추위에 몸을 웅크리면서도 절절한 아우성 같은 꽃을 홍매화는 피웠을 것이다. 그 간절함 같은 홍매화 향이 산사의 봄을, 어떤 깨달음을 재촉하고 있는 것이다. 동안거를 마친 홍매화 향에 응답이라도 하는 듯 목탁소리가 들린다. 목탁 소리는 지난겨울의 흔적을 지우려 한다. 그 흔적은 무엇일까. 첫사랑에 대한 어떤 그리움일까, 이루지 못한 꿈에 대한 아쉬움일까. 정확히는 알 수 없지만 깨달음을 방해하는 어떤 미련일 것이다. 그 미련들을 목탁 소리 두드리며 지우고 있다. 깨달음을 향한 시적 화자의 마음을 "향기는 어제와 오늘의 간극/ 조금씩 메꾸며/ 시간의 길목 벗어나려 하고" 있다고 표현하고 있다. 참 멋진 표현이다. 간극을 메꾸며 동시에 시간의 길목을 벗어나려고 한다에서 깨달음을 향한 어떤 간절함이 느껴진다. 그리고 법당에는 참선 기도, 암자에선 동안거 마친 풍경소리, 연록의 청아한 깨우침과 낭창한 봄빛, 죽비소리는 탐욕의 수피 벗긴다. 해 질 녘의 풍경을 "붉은 말씀 쏟아내는/ 저녁의 화법이 피안으로 들어"서고 있다라고 표현하고 있다. 멋지다. 신선한 표현과 이미지 구현이 눈길을 끈다. 사물을 바라보는 새로운 시야, 새로운 해석이 시 전체의 생동감과 어우러져, 시의 맛을 한층 높여 주고 있다.

뽀얀
아기 속살 같은

목련꽃 속에
말간 그리움 들어 있다

유리알
반짝이는 개울가
개나리 톡톡 터지면
까르르 깔깔대던 너

산골짜기
옹달샘 같은 너의 노래

나물 씻는
아낙네 손가락 사이로
너와 나의 유년이 흐르고

단발머리
찰랑대며 강가
조약돌에 새긴 너의 이름

어느 사잇길에서
놓쳐버린 손
다시 잡을 수 없구나

함께 부르던
봄날의 교향곡
귓가에 맴돈다

너를 생각하며
홀로 부르는 노래

가슴이 먹먹하고
시야가 흐려진다

언제일까
꼭 다시 만나
아득한 그리움
덜어내고 싶다.

-「그리운 친구」 전문

글나라 백일장 우수상 수상작인 이 시에서의 시적 화자는 그리운 친구를 떠올리고 있다. 시적 화자는 친구를 향한 그리움을 목련꽃을 보며 회상하고 있다. 친구와 함께 골목을 왁자하게 달리며 수다떨었을 그 시절이 달싹이며 피어나는 목련꽃에서 들리는 듯하다. 봄의 속삭임처럼 피어나는 목련을 보며 시적 화자는 친구와 함께 어떤 이야기꽃을 피웠을까. 겁없이 제 몸을 열어 봄날로 들어서는 목련꽃처럼 그렇게 멋진 시절을 보내자고 다짐했을까. "뽀얀/ 아기 속살 같은/ 목련"에서 시적 화자의 생기발랄한 유년이 보이는 듯하다. 잎을 피우기도 전에 꽃을 먼저 피우는 목련처럼 시적 화자도 친구와 함께 미래의 어떤 다짐들을 했을 것이다. 두렵지만 목련처럼 함께 꽃을 피우자며 굳게 약속했을 것이다. 그 약속이 이루어졌던지 이루어지지 않았던지 그것은 중요하지 않다. 봄을 향한 목련의 과감한 외침처럼 우리는 모두 생의 환호를 먼저 쏘아올릴 필요가 있다. 모든 것을 재고 계산했다면 목련꽃은 결코 피어나지 못했을 것이다. 또 개울가에서 개나리 톡톡 터지면 친구는 까르르 웃었다. 친구는 봄의 입꼬리 같은 개나리처럼 노랗게 활짝 웃었다. 양볼 가득 봄향을 물고 까르르 웃으며 서로의 귀에 속엣말을 담았을 것이다. 노랗게 색을 켜고 환해지는 개나리처럼 친구와 함께 즐거움을 나누었을 것이다. 또 산골짜기엔 옹달샘 같은 노래가 흐르고, 아낙네 손가락 사이엔 너와 나의 유년이 흐르고 있다. 그런데 어느 생의 사잇길에서 놓쳐 버린 친구의 손을 다시 잡을 수 없어 슬프다. 홀로 부르는 노래에 가슴이 먹먹하다. 다시 만나고픈 그리움이 휘몰려오고 있다. 아주 자연스러운 시적 흐름과 시적 형상화가 이미지와 손잡고 그리움의 공간을 창출해 내고 있다. 그리하여, 유년시절의 모습을 한 폭의 그림으로 빚어내어, 독자의 마음을 사로잡고 있다.

만개한 벚꽃이
하늘문 열면
성난 파도는 온순해지고
바다는 푸르고 은밀한 언어로
그 여인을 껴안는다

혈육이 어찌 자식뿐일까
징글징글하게 서러운 수십 년 동안
서로의 체온과 피와 울음을 나눈
바다와 떨어진 적이 없다
해조음과 과장된 물새들의 노래가
비 오는 날이면

자꾸만 몸에서 흘러나온다

테왁에 꿰어 맨 삶
닳고 닳도록
세월 발라먹고
파도 살라먹고

저 윤슬처럼 죽음의 안쪽에서도
반짝이는 그 무엇이 있다는 건지
붉은 심장 쏟아내는 해 질 녘은
날마다 죽음을 연습한다는데
내가 나를 조문하듯
칠성판 등에 메고
서럽게 쪼아대는
처연한 몸짓으로

의혹과 궁금과 질문으로 살아가는
그 생과 사의 경계 지운
깊은 심연에서 끌어올린
사랑의 흔적
망사리에 담길 때마다
수평선 가르는 저 숨비소리

못다 한 사랑
모래톱에 숨겨두고
시리게 가슴에 새겨논 이야기
불턱에 달궈 녹여내고 있다.

-「해녀의 노래」 전문

2023년 한국문학상 본상 시 부문 최우수상 수상작인 이 시에서의 시적 화자는 해녀에 대해 관찰하고 있다. 해녀는 자신의 숨소리를 물질과 함께 바다에서 건져올린다. 살아남기 위한 안간힘이 숨비소리일까, 비명 같은 어떤 절절함이 숨비소리일까. 그만큼 고독해야 하고 그만큼 간절해야 바다에서 숨비소리를 멀리 깊게 내보낼 수가 있는 것이다. 때로는 전사처럼 죽음을 몰고 오는 파도를 넘고 넘어야 다시 뭍으로 오를 수 있다. 자식을 먹여 살리고 내일을 길어올리는 그 숨비소리가 제목에서 들리는 듯하다. 시적 화자는 "바다는 푸르고 은밀한 언어로/ 그 여인을 껴안는다"고 말하고 있다. 그 언어는 숨비소리일까, 물질로 채취한 해산물일까, 둘 다일 것이다. 그러기에 그 언어가 더 신비롭고 두렵다. 시적 화자는 바다를 "징글징글하게 서러운 수십 년 동안/ 서로의 체온과 피와 울음을 나"누었다고 말하고 있다. 멋진 표현 속에서 아픔이 느껴진다. 얼마나 바다와의 인연이 깊었으면 "해조음과 과장된 물새들의 노래가/ 비 오는 날이면/ 자꾸만 몸에서 흘러나"올까. 시적 화자의 고단한 삶이 보이는 듯해 먹먹하다. 테왁에 꿰어 맨 채 세월 발라먹고 파도 살라먹는 여인, 칠성판 등에 메고 서럽게 살아가는 여인, 사랑의 흔적 망사리에 담고 사는 여인, 못다 한 사랑 모래톱에 숨겨 두고 사는 여인, 시리게 가슴에 새겨논 이야기를 불턱에 달궈 녹여내는 여인. 해녀에 대한 묘사가 기시감에서 벗어나 신선한 이미지로 채워져 있다. 새로운 해석이 빛을 발하고 있다. 독자들이 해녀의 모습을 그리다가 해녀의 삶과 애환 속으로 소르르 빨려들도록 하는 솜씨가 돋보인다.

철썩철썩 이야기 풀어놓는
파도의 입술을
먼 먼 기억의 배경으로 깔아놓고
가쁜 숨 가라앉힌다

입에 붙은 말을 손끝으로 집어
서로에게 건네면
향 깊은 말맛에 침이 고이고

유쾌한 말의 유랑이
찻잔 위에서 공처럼
통통 뛰어다니며
신부와 신랑을 만나게 하고
발랄한 살림살이까지 차리면서
까르르 웃는다

입맛에 맞은 수다가
몸집 부풀리면
달달한 말의 당도는 올라가
입담을 과식하게 되고
흥정의 진미 녹여낸다.

-「시장통 카페·2」 전문

커피 문학상 수상작인 이 시에서의 시적 화자는 시장통 카페를 애정 어린 시선으로 바라보고 있다. 시의 제목이 '카페'가 아니라 '시장통 카페'다. 생기가 넘치는 '시장'의 이미지가 덧입혀져 있어서 좋다. 이 「시장통 카페」는 "철썩철썩 이야기 풀어놓는/ 파도의 입술을/ 먼 먼 기억의 배경으로 깔아놓고" 있다. 바닷가 근처에 이 카페가 있나 보다. '파도의 입술'로 바다의 이미지를 잘 그려내고 있다. "입에 붙은 말을 손끝으로 집어/ 서로에게 건네면/ 향 깊은 말맛에 침이 고이"는 걸 보니 카페에서의 만남이 즐거워 보인다. 서로가 주고받는 말을 시적 화자는 "입에 붙은 말을 손끝으로 집어/ 서로에게 건네"고 있다고 표현하고 있다. 멋지다. 대화를 감각적으로 잘 그려내고 있다. 그 대화 속에서 시적 화자는 "향 깊은 말맛에 침이 고"인다. 대화의 만족도가 높다는 것을 멋지게 표현하고 있다. 유쾌한 말의 유랑이 찻잔 위에서 통통 뛰어다니는 곳, 입맛에 맞은 수다가 몸집 부풀리는 곳, 입담을 과식하기도 하고, 홍정의 진미를 녹여내기도 하는 곳, 그곳이 바로 시장통 카페다. 재미있는 표현이 많아 독자의 눈길을 행복하게 해주고 있다. 그 어떠한 소재도 시적 형상화해 내는 솜씨가 세련되어 보인다.

너는 허락도 없이
하얀 포말로 깊숙이
내밀하게 들어와
거침없이 핥고 달아난다

성이 포말에 함락되고
발자국도 따라 들어간다

모래톱에
조가비 하나 남았다

제멋대로지
진리의 가면 쓴
모순일까

누구라 그 무례함 탓하리오
독선적인 너의 사랑은
나를 소유하지 못하지
그저 무수히 빠져나갈 뿐

멀어져 가는 너에게
물음표 던진다
너와 내가 서로
사랑할 수 있을까.

-「파도」 전문

이 시에서의 시적 화자는 파도에 대한 탐구를 하고 있다. 파도는 밤낮없이 철썩이며 허락도 받지 않고 해안으로 다가온다. 사랑을 하자는 것인지 싸움을 하자는 것인지 알 수 없는 몸짓으로 다가왔다가 달아난다. 반갑다는 의미의 웃음소리인지 울음소리인지 분간할 수도 없다. 파도는 스토커처럼 집요하게 따라붙는 파괴적인 사랑 같기도 하고 사랑을 고백하는 연인의 간절한 목소리 같기도 하다. 새로운 관점에서 파도를 들여다보며 사색하는 시인의 눈이 멋지다. 파도의 속성을 "진리의 가면 쓴/ 모순"이라고 정의를 내린다. 이

지점에서 우리는 시적 화자의 개성적인 목소리를 만나게 된다. 모순의 사전적인 뜻은 어떤 사실의 앞뒤, 또는 두 사실이 이치상 어긋나서 서로 맞지 않음을 이르는 말이다. 뭍으로 달려가는 파도의 몸짓과 바다로 도망가는 파도의 또 다른 몸짓이 모순으로 다가온 것이다. 그 모순에서 시적 화자는 "멀어져 가는 너에게/ 물음표 던진다/ 너와 내가 서로/ 사랑할 수 있을까"라는 의문을 갖는다. 파도의 속성을 통해서 일방통행식의 만남과 사랑을 꼬집고 있다. 파도는 하얀 포말로 깊숙이 내밀하게 들어와 거침없이 핥고 달아나 버린다. 그 포말에 성이 함락되어 버린다. 발자국도 따라 들어가고, 조가비 하나만 남는다. 그렇다면 파도는 진리의 가면 쓴 모순일까. 거기서 한 가지를 발견한다. 독선적인 너의 사랑, 그게 나를 소유하지 못하게 하는 건 아닐까. 그저 무수히 빠져나가 버리니까. 점점 멀어져 가는 너. 물음표를 던져 본다. 과연 너와 나는 서로 사랑할 수 있는 거니. 사물의 현상을 통해, 자신의 내면과 의식 속으로 들어가, 질문을 던지는 구조가 아주 매끄럽다. 다채로운 감성의 통로를 개척해 주고 있어, 독자의 시선은 행복하다.

무정 우산 받쳐 든 이여
어딜 그리 바삐 가시나요

이리 서러운 시간
이리 붉은 가슴에

홀로 홀연히
가시나요

햇살 부서지는 길
헐벗은 나목에 엉긴
사랑 한 조각

단풍 진 사연 한 소끔
남기고 가시나요

그대 잠시 뒤돌아서서
따스한 눈길 한 번
건네주세요

허기진 날이 찾아오면
남겨진 불씨로

우리 그렇게
견뎌내게요.

-「붉은 잎새의 노래」 전문

이 시에서의 시적 화자는 붉은 잎새와 그대를 오버랩시켜 미묘한 감성의 세계를 그려내고 있다. 그대는 무정 우산을 쓰고 어딘가로 가고 있다. 우산은 비라는 비상상황에서 쓴다. 그대와의 사랑에 어떤 문제가 생긴 것일까. 사랑을 뒤로하고 떠나야 하기에 그대는 "무정 우산"을 쓴 것이다. "무정"은 정이 없고 쌀쌀맞을 때 쓰는 말이다. 시적 화자는 그대에게서 그런 "무정"

을 느낀 것이다. 한때 사랑할 때는 초록으로 환하게 웃었는데 이제는 그럴 수가 없다. 서러운 시간을 오롯이 견뎌야 한다. 함께가 아닌 홀로 그 외로운 길을 걸어야 한다. 그대와 함께했던 길은 초록이 자라고 생의 환호가 자란 길이었는데 이제는 영영 그 길을 걸을 수 없다. 넘보아선 안 되는 길이다. 홀로 걷는 그 길에서는 영영 웃음소리 묻어나는 속엣말이 자랄 수 없다. 하지만 어떻게든 견뎌야 한다. 그대는 헐벗은 나목에 엉긴 사랑 한 조각, 단풍 진 사연 한 소끔 남기고 가고 있다. 잠시 뒤돌아서서 따스한 눈길 한 번 건네줄 수 없나. 허기진 날이 찾아오면, 남겨진 불씨로 견뎌낼 수 있도록. 그런데 시적 화자는 "우리 그렇게/ 견뎌내게요"라고 말하고 있다. 나만 견디는 게 아니라 "우리" 가 견디는 것이다. 이 지점에서 그대를 향한 원망이 아니라 이해와 공감이 자리잡고 있다는 것을 눈치 챌 수 있다. "무정 우산"을 쓴 이유를 알고 있다는 것이다. 시의 제목에 "노래"라는 단어가 들어 있는 이유를 알겠다. 이 시에서 우리는 여린 감성의 세계를 만날 수 있다. 시의 특질이 바로 이런 여린 감성들을 발굴하여 독자들에게 안겨 주는 건 아닐까. 그러기 위해 시는 이 땅에 태어난 건 아닐까. 그런 생각이 들게 하는 시라서, 좋다.

여인의 한이더뇨
정염 태우는
한 떨기 불꽃

명주실보다 가느다란 입술로
하염없이 부르는 이 누구인가
빈 허공에 메아리도 없는데

지난한 세월 님 곁에 있고자
가을 자락에 오롯이 피었건만
소슬바람만 스산하구나

님아 간 곳이 어드메인가
무심한 바람 흔들흔들
저 홀로 님에게 가는가 보다

천고의 세월 건너왔건만
어즈버 어즈버 어이할까나
님 만날 날 기약 없어라.

-「상사화」 전문

이 시에서의 시적 화자는 상사화에 대해 애틋한 시선을 보내고 있다. 상사화의 잎은 봄철에 나와 6~7월에 지고, 상사화의 꽃은 8월에 꽃대가 나와 피기 시작한다. 잎과 꽃이 서로 만날 수 없어 애달픈 사랑 같다. 1연에서 그립지만 만날 수 없는 "여인의 한이더뇨"라고 표현하고 있다. 시작부터 강렬하다. 여인의 마음 밖은 한으로 온통 어둡다. 그리움 짙은 꽃대궁은 뜨겁디 뜨거운데 님이 없는 저녁은 오늘도 또 다가오고 있다. 가녀린 꽃잎의 발자국으로 저녁을 서성여 보지만 님은 어디에도 보이지 않는다. 그 한이 얼마나 깊으면 "한이더뇨"라고 표현할까. 어느 한생의 한이 아니라 오랜 세월을 이어온 깊은 한으로 다가온다. "한이더뇨", "어드메인가", "어즈버 어즈버"를 통해서 시조의 맛도 느껴져서 좋다. 현대시이면서도 고전적인 느낌이 들어 멋지다. 여인은 빈 허공에 메아리도 없는데 명주실보다 가느다란 입술로 하염없이 누굴 부르고 있다. 상사화 꽃을 "명주실보다 가느다란 입술"이라고 표현하고 있다. 그리움과 간절함이 애달프게 다가온다. 수준 높은 낯설게 하기다. 님 곁에 있고자 가을 자락에 오롯이 피었건만 소슬바람만 스산하여 쓸쓸한 여인, 무심한 바람 흔들거릴 때 저 홀로 님 향해 가고 있는 여인, 오랜 세월 지났지만 님 만날 기약마저 없어 절망적인 여인, 이게 바로 상사화란다. 사물을 동일화시켜, 의인화한 인격체와 하나 되어 대화를 나누고 공감하는 그 속으로 소르르 빨려들게 하는 솜씨가 남다르다.

찬란한
여명 잡으러 간다
사거리 길목마다
평정심 잃지 말라고
깜박이는 빨간등

볼륨 높인 행진곡
천 개의 문답 일으켜서
느슨해진 나사
긴장의 끈으로 조이고

초침 낚아채며

도로 점령한 도시의 혈
한 치의 오차 없이
출렁이는 일터로 스며든다

정장에 뾰족구두
날선 의무로 무장하고
풋풋한 청바지
자신감으로 마주하면

방그레 웃는 이모티콘
오늘의 지표 가리킨다.
-「출근길」 전문

이 시에서의 시적 화자는 출근길을 뒤돌아보고 있다. 출근길 해고당할 때까지, 우리는 고단한 길을 걷고 또 걸어야 한다. 나와 가족을 먹여 살리기 위해 추위와 허기로 짜 올린 길을 성큼성큼 걸어야 한다. 힘껏 끌려가겠다는 안간힘으로 자신을 출근길에 묶어야 한다. 스스로의 멱살에 고삐를 채우며 단정한 보호색, 그 출근복으로 길을 나서야 한다. 현기증이 나는 하루를 머리에 이고 끝끝내 가야 하는 길이 출근길이다. 언젠가는 그 출근길 끝에서 못내 버려진 꿈 같은 길들이 발목을 붙들며 울더라도 오늘을 살아남아야 하기에 출근길을 가야 한다. 그래서일까. 제목에서부터 먹먹함이 느껴진다. 하지만 시적 화자는 출근길을 어둡고 흐릿하게 그려내고 있지 않다. 밝고 희망차게 다가가고 있다. 긍정의 시선이 멋지다. "찬란한/ 여명 잡으러 간다"며

시는 출발한다. 시적 화자가 원하는 출근길임을 알 수 있다. “평정심 잃지 말라고/ 깜박이는 빨간등”을 통해서 시적 화자에게 어떤 고민이 있음을 알 수 있다. 하지만 그 고민을 잘 해결할 것 같은 확신도 든다. 어떻게 날마다 출근길이 즐겁기만 할까. 가고 싶지 않는 날도 있을 것이다. 그 힘든 마음의 추스림을 “볼륨 높인 행진곡/ 천 개의 문답 일으켜서/ 느슨해진 나사/ 긴장의 끈으로 조”인다고 말하고 있다. “천 개의 문답”으로 깊은 고민을 에둘러 표현하고 있어 멋지다. 도시의 혈이 출렁이는 일터로 스며드는 길, 정장에 구두를 날 선 의무로 무장하는 길, 풋풋한 청바지를 자신감으로 마주하는 길, 방그레 웃는 이모티콘이 오늘의 지표 가리키는 길, 그 길이 출근길이다. 출근길에 대한 묘사가 낯설기 하기에 의해 빛을 발하고 있다. 자기만의 시야로 해석하는 출근길이 공감대를 얻어내고 있다. 다채로운 해석의 시야가 독자의 시선을 사로잡기에 충분하다.

잠자는 대지여
깨어나라

도도하게 흐르는
저 물소리 들리지 않는가

동면冬眠의 침묵에서
생명 잉태하라

처녀의 순결 빼앗듯
대지 뚫고 나와

生의 환희로
들녘 채우라

젖무덤 안고
눈웃음치는 아기같이

그렇게 유혹해 다오
그렇게 안겨 다오

매화꽃잎 흩날리는 그대여
당신의 잔인한 사랑

내 간절히
기다린다오.

-「춘삼월」 전문

이 시에서의 시적 화자는 춘삼월에 대한 사색을 풀어내고 있다. 삼월만큼 가슴 뜨겁고 황홀한 달이 또 있을까. 있는 힘껏 자신의 그리움과 색을 모두 켜는 개나리, 벚꽃, 진달래... 봄볕을 이어 붙이며 과감하게 자신의 색을 드러내느라 바쁘다. 꽃자리를 간지럽히는 봄바람이 살랑살랑 불어와 온몸이 근질거리는 나무들이 보이는 듯하다. 꽃을 피우고 싶다는 나무의 속엣말을 삼월은 듣기라도 한 것일까. 가지마다 꽃망울을 톡톡 터뜨린다. 나무에서 나무로 봄의 귓속말은 흘러들어가

꽃자리마다 환해진다. 그런 삼월의 찬란함을 위해 시적 화자는 "잠자는 대지여/ 깨어나라"고 말하고 있다. 대지의 가슴에 봄의 옹알이가 쌓이면 삼월은 온다. 다시 "도도하게 흐르는/ 저 물소리 들리지 않나"라고 말하고 있다. 졸졸졸 물의 입을 열어 둥근 소리의 파문을 들으라고 말하고 있는 것이다. 그리하여 동면의 침묵에서 생명을 잉태하라, 대지 뚫고 나와 생의 환희로 들녘을 채우라, 젖무덤 안고 눈웃음치는 아이같이 유혹하라, 매화꽃잎 흩날리게 하는 그 잔인한 사랑, 나에게 다가와 안겨달라. '당신의 잔인한 사랑'으로 삼월의 생명력을 말하고 있다. 멋지다. 추위와 침묵과 단절을 과감히 벗어던진 몸짓이 삼월인 것이다. 그런 삼월을 황홀한, 멋진, 아름다운 등등의 수식어가 아닌 '잔인한'으로 표현한 것이다. 시적 화자의 숨은 의도가 그만큼 극명해서 좋다. 그 반전의 한마디가 독자의 미소를 이끌어내고 있다. 잔인한 사랑이라 할지라도, 제발 조금씩 다가와 달라, 다가와서 내게 안겨달라, 이렇게 부탁하고 있는 모습이 참 매력적이다. 시의 반전이 시의 해학과 깊이를 더 한층 드높여 주고 있다.

흰 새벽 걷어내어
정한수 올려놓고
두 손 모아 기도하던
당신

투박한 황토 부뚜막
차가운 아궁이에

삭정이 태워
한끼 따스함으로
혈연의 꽃 돌보던
당신

화초에 꽃물 들면
개개비 짝 찾아
햇살에 비벼대고
치마끈 질끈 둘러메고
정재로 장독대로
해살대던 분주함

꽁보리 가운데 쌀 한 줌
무쇠솥 주르르 눈물 흘리면
노부모 쌀밥 떠 드리고
보리밥으로 허기 달래던 시절

젖은 가슴 태우는 매캐한 연기에
눈물로 얼룩진 아궁이의 염원
짚불처럼 타오르곤 했지

갈고리 성긴 삶 촘촘히 매만져
진종일 피워대는 당신 향기
매화 부끄러워 수줍게 웃던
그 다홍빛 향수

단풍진 산에
솔잎 무수히 나뒹굴면
가슴 아린 불씨 그리움 되어

온 산에 꽃불 되어 번진다.

-「쌀밥나무」 전문

이 시에서의 시적 화자는 쌀밥나무와 어머니를 오버랩시켜 놓고 있다. 이팝나무는 하얀 눈꽃송이 같은 꽃이 밥풀 같아서 쌀밥나무라고도 불린다. 그래서일까, 어머니와 쌀밥나무가 자연스럽게 연결된다. "한끼 따스함으로/ 혈연의 꽃 돌보던/ 당신"에서 중첩된 이미지가 조화롭다. 땅속 깊이 아궁이를 걸어놓고 식구들의 밥을 지었을 쌀밥나무 같은 어머니가 그려진다. 한 끼의 밥을 위해 쌀밥나무는 어머니처럼 햇살을 부뚜막에 집어넣으며 부뚜막을 지켰을 것이다. 솥뚜껑 사이로 김이 모락모락 일어나 하얀 꽃들은 서둘러 피어났을 것이다. 갓 지은 밥을 먹기 위해 새소리도 깃들고 벌들도 속속들이 날아들었을 것이다. 그렇게 눈부시게 허기 달래던 한끼의 밥으로 봄바람은 배가 불러 졸았을까. 하지만 어머니의 삶은 쌀밥나무처럼 무더기 무더기 눈꽃송이 같은 꽃을 화려하게 피워내지 못했다. "노부모 쌀밥 떠 드리고/ 보리밥으로 허기 달래던 시절"을 살아야만 했다. 어머니는 날마다 새벽이면 정한수 떠놓고 기도한다. 쌀밥나무처럼 한 끼의 밥을 무더기무더기 꽃피워 자식들이 배고프지 않게 해달라고 기도했을 것이다. 치마끈 질끈 둘러메고 부엌으로 장독대로 분주하던 어머니, 젖은 가슴 태우는 매케한 연기에 눈물로 얼룩지던 어머니, 매화 부끄러워 수줍게 웃는 다홍빛 향수 같던 어머니, 단풍진 산에 가슴 아린 불씨 그리움 되어 번지는 어머니. 쌀밥나무를 매개체로 떠올린 어머니에 대한 그리움이 매 연마다 절절하게 스며들어 있다. 쌀밥나무와 어머니를 동일화시키면서 시적 형상화해 놓은 자리에, 어머니에 대한 그리움과 향수가 배어들어, 독자의 가슴을 울컥하게 해주고 있다.

툭툭 던지는 언어 일탈
수없이 교차 되는 파동
잔물결 호수 일으킨다

느낌은
고압 전류에 감전되어
새까맣게 타 버리고

산뜻한 감정 사라진 지 오래
교란은 무감각에 부딪혀
감동의 출렁조차 일지 않는다

자기 도취에 빠져
과誇포장에 연연하고
호기심 갈망하는 파破

한우리 안에서 서로를 잠식시키는
밀물과 썰물의 밀당 변주곡
제3의 세계에서 콩콩대는 강시.

-「사이버 폭언」 전문

이 시에서의 시적 화자는 사이버 폭언의 실체를 폭로하고 있다. 입도 귀도 없는 자판 위의 엄지족들이 세력과 힘을 키워 사이버 폭언이라는 폭력을 휘두르고 있다. 자판 위의 말들을 정제할 필터가 자판에는 없다. 오직 엄지족의 탁, 탁, 탁 두드리는 소리만 있을 뿐이다. 인터넷상의 폭언을 얼굴 없는 엄지족들이 복사해서 붙여넣는 방식이 연발탄이고 대포이다. 경계도 국경도 훌쩍 뛰어넘는 엄지족들의 만행이 사이버 폭언이다. 시적 화자는 그 만행을 "툭툭 던지는 언어 일탈"이라고 꼬집고 있다. "툭툭 던지는"에서 정제되지 않는 엄지족의 만행이 여실히 드러나 있다. '툭툭'이라는 부사가 멋지다. 그런 만행에 인터넷상의 피해자들은 "고압 전류에 감전되어/ 새까맣게 타 버리고" 있다고 아픔을 호소하고 있다. '고압 전류'에서 감당할 수 없는 피해자의 슬픔과 분노가 느껴진다. 시는 이렇듯 에둘러 표현해야 한다. 가해자는 가볍게 '툭툭 던지'는데 피해자는 '새까맣게 타 버'린다. 탐욕의 스위치를 가볍게 올리는 가해자와 아픔의 버튼에 눌려 눈물 흘리는 피해자의 모습이 보이는 듯하다. 사이버 폭언은 산뜻한 감정은 말살되고 교란이 무감각에 부딪혀 감동의 출렁거림조차 없는 곳, 자기도취에 빠져 과포장에 연연하는 곳, 서로를 잠식시키는 곳, 밀물과 썰물의 밀당 변주곡, 제3세계에서 콩콩대는 강시라고 말하고 있다. 사이버 폭언이 어떤 존재인지 알 것 같다. 선명한 이미지로 사이버 폭언에 대한 실체를 폭로하고, 얼마나 비효율적인 존재인가를 알리면서, 질타의 시선을 보내고 있다. 사이버 폭언을 일삼는 자들에게 던지는 따끔한 충언으로 자리하고 있다.

천변 너럭바위 펼쳐진 옥양목
볕길 따라 나풀대던 님 손길
깨끼발 발등 까이며 송사리 떼 몰던 곳

소학교에 울리는 동심의 메아리
하얀 깃 자존감 빳빳이 세우고
최루탄 가스에 동동대던 대학로

우체국 초시계 두근두근 재촉하고
친구들 키득키득 우정탑 쌓아 가며
낭만 찾아 오가던 사랑의 거리

손길 닿는 이웃 발길 닿아 정든 친구
세월의 갈피마다 쌓인 알뜰정
둘러봐도 낯설지 않은 아늑한 탯자리.

-「고향」 전문

이 시에서의 시적 화자는 고향에 대한 정겨운 시선을 내보내고 있다. '고향'이라는 단어만큼 마음을 무장해제 시키는 게 또 있을까. 시적 화자는 고향을 "아늑한 탯자리"라고 말하고 있다. '탯자리'에서 고향을 대하는 시적 화자의 마음이 충분히 느껴진다. 멋진 표현이다. 고샅까지 달려나온 감나무의 환한 얼굴과 굴뚝으로 뭉텅뭉텅 하얀 안색을 밀어 올렸던 고향집이 보이는 듯하다. 한 이불을 덮고 달빛과 귀뚜라미 소리와 가을밤은 잠을 잤을 것이다. 그러기에 고샅에 피어 있던 민들레는 유년시절의 소꿉친구인 것이다. 시적 화자는 고향을 "별길 따라 나풀대던 님 손길"이라고 말하고 있다. 옥양목 매만지는 손만이 님의 손길은 아닐 것이다. 너럭바위를 껴안는 봄볕도, 오후의 목덜미를 간지럽히는 봄바람도, 오종종 달려 나오는 새소리도 모두 님의 손길인 것이다. 깨끼발 발등 까이며 송사리 떼 몰던 곳, 소학교 때 울리는 동심의 메아리가 서려 있는 곳, 친구들 키득키득 우정탑 쌓아 가던 곳, 낭만 찾아 오가던 사랑의 거리가 있던 곳, 손길 닿는 이웃이 있고 발길 닿아 정든 친구가 있는 곳, 세월의 갈피마다 쌓인 알뜰정이 있는 곳, 언제 둘러봐도 낯설지 않은 아늑한 탯자리가 있는 곳. 이곳이 바로 시적 화자의 고향이다. 들을수록 정겹다. 마치 우리 독자들의 고향인 듯하여, 눈시울이 붉어진다. 시의 특질 중 하나가, 누구에게나 공감되는 시의 세계, 감성, 추억 등을 이미지로 구현해 놓고, 이를 공감하면서 각자의 추억 속으로 빨려들게 하는 건 아닐까. 그래서, 그 추억이 미적 가치의 그릇에 담겨져, 보다 더 맑고 진실된 감성으로 안내하는 건 아닐까, 그런 생각이 들게 하는 시라서 더 정 깊게 여겨진다.

위에서 살펴본 김예린 시인의 시들은 모두 시의 특질을 잘 보유하고 있다. 시의 특질 중 하나는 이미지 구현이다. 사물을 생경하게 서술에만 의존하여 꾸려가서는 안 된다. 주제 노출을 피하고, 그 대신 이미지로 감각의 피부에 와 닿게 그려내야 한다. 그 이미지들이 모아져 이미저리를 구축하고, 그 이미저리가 시의 의미방울을 시적 그릇에 담아내야 한다. 즉, "아, 그림 같다"라고 감탄을 자아내야 한다. 그렇지 않고, 주제를 노출하고 명령하거나 청유형으로 독자의 감성을 억지로 이끌어내려고 하면, 시는 망가져 버린다. 또한 시는 새로운 해석, 낯설게 하기를 펼쳐야 한다. 한 번 다룬 해석, 한 번 바라본 시야나 각도는 피해야 한다. 늘 새로운 해석으로 독자들을 감동시켜야 한다. 그리하여, 삶의 의미와 손잡고 감동으로 이끌어내야 한다. 되도록 리듬을 지켜 주고, 최소한 내재율이라도 지켜내어 시의 읽는 맛을 도와 주어야 한다. 이왕이면, 상징의 고리를 물고 늘어져, 다채로운 해석이 가능하도록 해야 한다. 일곱 가지 이상의 의미하는 바가 어우러져, 상징의 빛을 발하도록 해야 한다. 그래야 다양한 감성을 만날 수 있고, 그 감성이 인간의 삶을 보다 섬세하게 보다 성숙하게 보다 폭넓게 바라볼 수 있고 느낄 수 있게 한다. 어느 순간, 감동의 전율이 등줄기를 훑고 갈 수 있도록 해주어야 한다. 어렵지 않는 평이한 시어들을 동원했는데도, 심오한 의미가 미적 가치의 그릇에 담기도록 배려해야 한다. 시어는 되도록 싱그럽고 신선하게 배치하여, 감탄을 자아내야 한다. 김예린 시인의 시들은 이런 시의 특질들을 두루 갖추고 있어 눈길을 끈다. 그래서 처음부터 끝까지 시를 읽게 만드는 매력을 갖추고 있다. 텐션을 유지하며, 독자의 마음을 사로잡는 솜씨가 세련되어 있다.

김예린 시인의 시집이 제2, 제3시집으로 이어지면서, 지속적인 독자의 관심과 사랑을 받게 되길 바란다. 인생 끝날까지, 시 쓰기와 손잡고 사색의 길을 걸었으면 좋겠다. 그 어떤 감성도 시 속에 담아내며, 여정의 오솔길을 아름답고 의미 깊게 산책하기를 소망한다.

- 추웠다가 갑자기 따스해져 행복한 겨울 속 봄날에
한실문예창작 지도 교수 박덕은
(문학박사, 전 전남대학교 교수, 문학평론가, 동화작가,
사단법인 노벨재단 이사장, 시인, 소설가, 사진작가, 화가)

건반 위의 사랑

2023년 12월 20일 인쇄
2023년 12월 30일 발행

지은이 김예린

펴낸이 강경호 편집장 강나루 디자인 정찬애
펴낸곳 도서출판 시와사람
등록 1994년 6월 10일 제 05-01-0155호
주소 광주시 동구 양림로119번길 21-1(학동)
전화 (062)224-5319 E-mail jcapoet@hanmail.net

ISBN 978-89-5665-713-4 03810

값 12,000원

공급처 ■ 한국출판협동조합
경기도 파주시 적성면 적성산단3로 10 (적성일반산업단지 내)
주문전화 (02)716-5616, 070-7119-1740